AF349471

FACTVM.

Pour Meſſire Anthoine de Pippemont Cheualier Seigneur de Croix & autres lieux, appellant d'vne ſentence renduë par le Preſident de Calais le 23. Iuillet 1630. & demandeur en lettres pour articuler faiɕts nouueaux.

Contre Iacques Loiſel Laboureur demeurant à Ballinghen Intimé & deffendeur.

A queſtion à iuger, eſt de ſçauoir ſi vn bail faiɕt par vne vſufruiɕtiere par anticipation de 4. ans, qui n'a peu commencer que deux ans apres ſa mort, peut ſubſiſter contre la volonté du proprietaire.

Du mariage de feu Meſſire Chriſtophe de Fiennes & de Dame Ieanne de Bincɕthun ſont iſſuës trois filles, Marguerite, Philipote, & Magdelaine de Fiennes.

Par leur teſtament mutuel du 20. de Decemb. 1570. ils partagerent tous leurs biens entre elles, & ſubſtituerent Magdelaine & Philipote leurs puiſnées l'vne à l'autres, au cas que l'vne d'elles vint à deceder ſanɕ enfans.

Ce Teſtament & partage a eſté confirmé ès contraɕts de mariage deſdites Marguerite & Philipote de l'année 1571 & par vne donation par entre-vifs faite par ladite Dame de Bincɕthun à ladite Marguerite ſon aiſnée le 7. Mars 1577.

Au lot de Magdelaine a eſté reſeruée la Cenſe ou ferme de Ballinghen, païs reconquis, conſiſtant en 240. meſures de terres, auec retention d'vſufruiɕt par ladite Dame de Binɕtun ſa vie durant ſeulement.

Ladite Magdelaine de Fiennes eſtant decedée ſans auoir eſté alliée par mariage, il y a eu ouuerture à la ſubſtitution reciproque au profit de ladite Philipote de Fiennes ſa ſœur qui l'a ſuruecu, & qui a donné ſon droit à l'appellant ſon fils aiſné en faueur de mariage.

En l'année 1624. ladite Dame de Bincɕthun eſt decedée aagée de cent quinze ans, ſi bien que ſon vſufruiɕt eſtant fini & la poſfeſſion reunie à la proprieté nul n'a peu rien pretendre, ſoit au fonds, ſoit aux fruits de ladite ferme de Ballinghen, ſinon l'appellant, comme donataire d'icelle.

Neantmoins il y a eſté troublé par deux ſortes de perſonnes.

Les vns s'en diſoient proprietaires comme heritiers de ladite Marguerite de Fiennes fille aiſnée de ladite Dame de Bincthun, qui ont eſté deboutez de leurs pretentions par Arreſt du 23. Decembre 1630.

L'Intimé s'en eſt dit le fermier en vertu de deux Baux : l'vn qui deuoit expirer en l'année 1626. deux ans apres le deceds de ladite Dame de Bincthun; l'autre fait en l'année 1622. par anticipation de quatre ans pour commencer en ladite année 1626.

Quoy que ces deux baux fuſſent finis & demeurez ſans effect, des l'année 1624. que l'vſufruict de ladite Dame de Bincthun eſt fini par ſa mort; neantmoins par la ſentence dont eſt appel du 23. Iuillet 1630. il a eſté debouté de ſes fins & concluſions, à ce que l'intimé fut condamné luy delaiſſer la libre & paiſible iouïſſance de ladite ferme, pour en diſpoſer comme de choſe à luy appartenant, luy en rédre & reſtituer les fruicts & leuées depuis le Noël 1624. iceluy compris iuſques à preſent, ſuiuant l eſtimation qui en ſera faite par gens à ce cognoiſſans, & en tous les dommages & intereſts, faute d'auoir ſatisfait aux ſommations à luy faites de ſortir.

Ce iugement eſt inſouſtenable : car il eſt certain qu'vn vſufruictier ne peut affermer les immeubles dont il iouïſt par vſufruict plus long-temps que ſon vſufruict durera, & meſme ſon heritier n'eſt point tenu de faire iouyr le locataire, ny d'aucuns dommages & intereſts : *Si fructuarius locauerit fundum in quinquennium, & deceſſerit hæredem eius non teneri vt frui præſtet :* & meſme Marcellus adjoute ſur la queſtion, *ſi ſumptus facit in fundum quaſi quinquennio fruiturus an recipiat non recepturum, quia hoc euenire poſſe proſpicere debuit.*

Nec ſine cauſa, veu qne l'vſufruict n'eſt autre choſe, *quam ius vtendi fruendi ſalua rerum ſubſtantia* : droict qui finit par la mort de l'vſufruictier. De ſorte que tout ainſi qu'apres ſa mort il n'a point de droit en la choſe l'vſufruict eſtant reuni à la proprieté; tout de meſme il n'a point de droit de le transferer à vn fermier, pour en ioüir malgré le proprietaire, fon vfufruit eftant expiré.

Ce que l'intimé dit au contraire, eft vne efpece de paradoxe qui implique côtradiction manifefte; Sçauoir que ladite Dame de Bincthun decedée dés auant le Noel 1624. ait eu le pouuoir de faire vn bail par anticipation de quatre années, à cômencer non pendant fa vie, mais deux ans apres fa mort.

Mais encores l'anticipation procedant de luy qui eftoit le Fermier moderne, qui fçauoit & voyoit la caducité de ladicte Dame de l'incthuin, & qui ne pouuoit ignorer qu'elle n'eftoit que fimple vfu fruictiere; Et partant qu'elle venant à deceder auant que ledit bail fuft commencé il demeureroit nul & fans effect, *def. ct u poteftatis.*

Ne feruent de rien les exemples des baux faits par les maris des immeubles de leurs femmes, qui s'acheuent apres la mort, ny des baux faits par les tuteurs, qui s'acheuent apres la tutelle finie, ny des baux faits par les refignans en matiere beneficiale, qui s'acheuent par les refignataires: Car, *toto cœlo differunt*, auec celuy en queftion, & d'ailleurs s'ils font faits par anticipation de tant d'années, ils ne s'acheuent point, ains font toufiours declarez nuls.

Ceux qui font faits par les maris des immeubles de leurs femmes font entretenus, pourueu qu'il n'y ait point de dol perfonnel, par ce qu'ils font cenfez, les proprietaires & Maiftres des biens de leurs femmes pendant la communauté, joinct que la femme apprehendant la communauté, elle profite de tout ce qui a efté fait par fon mary pendant icelle.

Ceux qui font faits par les tuteurs felon les formes de l'ordonnance pour trois ans feulement fans anticipation, doiuent eftre entretenus s'il n'y a point de dol perfonnel, à caufe de l'authorité de la Iuftice, & qu'il ne s'eft peu rien faire plus vtilemét pour les pupiles.

Et ceux qui font faits par les refignans doiuent eftre entretenus par les refignataires s'il n'y a point d'anticipation, par ce que les refignataires font tenus des faits & promeffes de leurs refignans.

Au bail en queftion il n'y a rien de femblable, à tout cela ladite Dame de Bincthun qui l'a fait eftant fimple vfufruictier, y aiant anticipation de quatre ans, qu'elle eſtoit decedée deux ans auant qu'il peut commencer, & l'appellant n'eſtant ſon heritier n'eſt tenu de ſes faits & promeſſes.

Ne ſont auſſi conſiderables quelques autres exemples rapportez par l'intimé, ny ce qu'il veut inferer des quittances de l'appellant : Car l'appellant luy a monſtré tant en ſes griefs qu'en ſes contredits, que l'eſpece en queſtion eſt toute differente de celles là, & par ſeſdites quittances il appert qu'il s'eſt touſiours reſerué ſon action pendante pardeuant le Iuge dont eſt appel & depuis en ceſte Cour, & ce auec d'autant plus de raiſon que ſi l'intention de l'intimé auoit lieu, l'appellant ſeroit priué vnze annees entieres apres le decedsde ladite Dame de Binꞔhnn des vrays loyers de ladite ferme, en valeur de deux mil ſix cens liures au moins, & par ledit bail par anticipation elle n'eſt affermée qu'à douze cens liures, lezion ſi enorme qu'elle eſt plus de moitie de iuſte prix.

Auſſi la Cour n'a elle jamais approuué tels baux faits par anticipation par des doüairieres & vſufruiɛtiers, & ainſi que l'appellant l'a iuſtifié par vn Arreſt rendu en l'Audience de la grãd Chambre le 18. Ianuier dernier au rolle d'Amiens, par lequel vn bail fait par anticipation par la Dame de Mailloc des terres de Tous⸱⸱ ⸱⸱ ⸱⸱ ⸱⸱⸱⸱⸱ a eſté declaré nul, quoy que ſes fermiers fuſſent entrez en jouyſſanɑ.

Partant en emendant & ayant eſgard aux faits nouueaux par luy articulez, & à la preuue d'iceux l'appellant eſpere que ſes fins & concluſions luy ſeront adiugées auec deſpens.

Monſ.ʳ PORTAIL Rapporteur.